LES
MEPRISES,
COMEDIE.

LES MEPRISES,

COMEDIE.

EN UN ACTE ET EN VERS,

Par M. PIERRE ROUSSEAU.

Repréfentée fur le Théâtre François les
mois d'Avril & Mai 1754.

Le prix eft de 24 fols.

A PARIS,

Chez ⟨ SEBASTIEN JORRY, Quai des Auguftins,
près le Pont S. Michel, aux Cigognes.
DUCHESNE, rue S. Jacques, au Temple
du Goût.

M. DCC. LIV.

Avec Approbation & Permiffion.

A SON ALTESSE SERENISSIME

MONSEIGNEUR

L'ELECTEUR PALATIN·

ONSEIGNEUR,

LE Public vient de justifier l'Oracle que VOTRE ALTESSE ELECTORALE a prononcé sur le sort

de cet Ouvrage, lorſque j'ai eu l'honneur de lui en faire la lecture. Elle
daigne ajouter à ce bonheur, celui
d'agréer l'hommage que je rends en
ce moment au Protecteur des Arts,
& à l'Ami des Talens, & que je
n'aurois jamais oſé préſenter à un
Prince dont toutes les actions ſont
autant de préceptes dans l'art de ré-
gner, & une leçon vivante pour tous
les Souverains qui cherchent à honorer l'humanité par leurs bienfaits.

Parmi tant de vertus dont VOTRE
ALTESSE ELECTORALE ſçait em-
bellir le Trône, il en eſt une qui me
défend de parler des autres ; mais je

*vois avec plaisir que l'Univers en-
tier, par son admiration se fait un
devoir de me vanger du silence qu'en
ce jour elle m'impose.*

*Je suis avec un très-profond res-
pect,*

MONSEIGNEUR,

DE VOTRE ALTESSE ELECTORALE,

Le très-humble & très-
obéïssant Serviteur,
PIERRE ROUSSEAU.

A C T E U R S.

ORPHISE,	*Mlle la Motte.*
CELIE, niéce d'Orphife ;	*Mlle Hus.*
FINETTE, Suivante,	*Mlle Dangéville.*

DAMIS,

} Amants de Célie. *M. Delanoüe.*

DAINVAL, *M. Bellecourt.*

MARIN, Valet de Dainval. *M. Armand.*

La Scene fe paffe dans une maifon de campagne d'Orphife.

LES MEPRISES,

COMEDIE.

SCENE PREMIERE,

DAMIS, FINETTE.

DAMIS, *en entrant sur la Scene avec Finette.*

J'ARRIVE en ce moment.

FINETTE.

Moi, je pars, & vous quitte,
C'eſt le moyen d'abréger le diſcours,

DAMIS.

Quoi, le plus tendre Amant implore ton ſecours,
Et tu veux.... mais quel eſt le trouble qui t'agite ?
Qu'as-tu donc ?

FINETTE.

Je ſuis interdite :
Je ſers ici depuis trois jours,
Vous le ſçavez, vous venez tout de ſuite,
Comptant que je pourrai ſeconder vos amours,

A

LES MEPRISES,

Vous vous trompez; cette audace m'irrite,
On ne vous a point vû, difparoiffez bien vîte,

DAMIS.

Quel eft le danger que tu cours !
Tu diras que je fuis ton coufin.

FINETTE.

Vains détours.

Voilà précifément ce qu'il faut que j'évite ;
Retournez fur vos pas, fi vous venez exprès :
On pourroit aifément foupçonner ma conduite ;
Nos coufins font toujours des parens de trop près.

Finette veut fe retirer & Damis la retient.

DAMIS.

On ne fçauroit trop l'être. Eh quoi, tu m'abandon-
nes !

FINETTE.

J'ai mes raifons.

DAMIS.

Finette ! . . . .

FINETTE.

Eh bien, Monfieur !

DAMIS.

J'avois compté . . . .

FINETTE.

Sur quoi !

DAMIS.

Sur ton bon cœur.

FINETTE *s'adouciffant.*

Je ne l'ai que trop bon.

DAMIS.

　　　　　　　Il faut que tu me donnes
Un moment, oui, rien qu'un petit moment.

FINETTE.

Je vous en donne deux, j'agis plus noblement ;
Au troisiéme je pars.

DAMIS.

　　　　　　　Ecoute, je te prie.
J'avois une parente en ce même Couvent
　　　　D'où sort l'adorable Celie. . . .

FINETTE.

　　　Je sçais encor qu'elle étoit son amie.

DAMIS.

　　　J'allois les voir assez souvent. ; .;

FINETTE.

Si souvent que l'amour se mit de la partie ,
Cela va de suite.

DAMIS.
Oui.

FINETTE.

　　　　　　Sçavez-vous qu'en ces lieux
Vous avez un rival jeune, & . . . .

DAMIS.
　　　　　　　Suis-je si vieux ?

FINETTE.

Non, mais vous paroissez d'un âge
Qui pour l'amour commence à n'être plus heureux ;
　　Vous en serez pour les frais du voyage ;
Sa figure est aimable. . . . .

D AMI S *vivement.*

　　　Il eſt ſans doute aimé ?

　F I N E T T E *ſur le même ton.*

Cela ſe peut.

　　　　D A M I S *très-piqué.*

　　　　J'en ſuis charmé.

Une figure aimable eſt un grand avantage.

Ce dehors ſéduiſant , un air vif & leger ,

　　(Tranchons le mot, je le puis ſans danger,)

　　Les étourdis, quelque choſe qu'ils faſſent ;

　　Trouvent toujours l'art de vous engager.

Bientôt après l'hymen ces avantages paſſent ;

　　Les graces du Printems s'effacent ,

Mais un bon cœur ne peut jamais changer.

Je n'appellerai point la nature cruelle ,

Pour m'avoir refuſé des dons extérieurs ,

　　Je ne vois que les mauvais cœurs

Qui ſoient en droit de murmurer contre elle.

　　　　F I N E T T E.

　Je ſuis aſſez de votre ſentiment ;

Mais croyez-vous être fort raiſonnable ,

　　Cette démarche. . . .

　　　　D A M I S.

　　　　　Eſt excuſable ;

Les fautes de l'amour font valoir un Amant ,

　　　　F I N E T T E.

　Vous plairez donc infiniment.

Je voudrois bien vous ſervir , comment faire ?

Je déteste votre rival ;
Par fa figure il eſt certain de plaire ,
Mais elle eſt peu d'accord avec ſon caractère ;
Il eſt haut , ſoupçonneux , & quelquefois brutal....
S'il me reconnoiſſoit , il ne m'aimeroit guère.

DAMIS.

Tu l'as connu jadis !

FINETTE.

Oui , mais c'eſt un myſtère.
En Cavalier un jour j'étois au Bal....

DAMIS.

En Cavalier tu vas au Bal , Finette ?

FINETTE.

Et je puis me vanter que je ne ſuis pas mal.
J'ai ſervi quelque tems une vieille coquette ,
Coquette de profeſſion ,
Elle avoit eu des Amans en grand nombre ,
N'en ayant plus un ſeul , par conſolation ,
Elle vouloit du moins en avoir l'ombre ,
Et le tout pour ſauver ſa réputation ,
Que ne faiſons-nous pas dans un tems de diſette ?
Avec elle j'étois au Bal ,
Ecoutez bien ceci.

DAMIS.

Tu feras ſatisfaite.

FINETTE.

Je ne connoiſſois pas alors votre rival ;
Je voulus m'amuſer à pouſſer la fleurette ,

A iij

LES MÉPRISES,

Près d'un objet dont il étoit épris,
Il en devint jaloux, (excusez si j'en ris.)
       Sa jalousie étoit complette.
  L'affaire enfin fut si vive entre nous,
Qu'il voulut à l'instant dehors (*elle se met en garde.*)
                    entendez-vous ?
    Il ne m'a point encore reconnue.

DAMIS.

  Depuis trois jours ! cela paroît douteux ;
S'il rapelle tes traits , s'ils frapent trop sa vue,
Au lieu d'un rendez-vous , il t'en donnera deux.

FINETTE.

Ceux que vous entendez , ne sont pas dangereux ;
    Mais il pourroit m'en donner trente
    Que je ne les tiendrois pas mieux,
    C'est une chose très-constante ;
Les rendez-vous sont faits pour les Amans heureux.
Autre chose , Monsieur , & qui va vous déplaire ,
  La Tante de Célie......

DAMIS *avec impatience.*

           Achéve promptement.

FINETTE.

Avec votre rival plaide actuellement.

DAMIS *avec joye.*

La haine est d'un procès une suite ordinaire ;
    Qu'ils plaident éternellement !

FINETTE *le contrefaisant.*

Réjouissez-vous bien de cet événement :

La Tante ne fçait comment faire :
On voit dans fon procès fi peu de fondement,
Qu'il n'a point fon pareil dans le Pays Normand ;
Votre rival confent d'accommoder l'affaire,
Mais Célie eft le prix de l'accommodement.

DAMIS.

Célie ! . . . . .

FINETTE.

Eh , oui, Monfieur,

DAMIS.

Et fon confentement ;

FINETTE.

On ne s'en embarraffe guère ,

DAMIS.

Quoi fa Tante voudroit . . . . . .

FINETTE.

Elle eft fans caractère ,
Dans une foule de projets
Toujours ardente autant qu'elle eft légère ,
Elle court d'objets en objets ,
La dépenfe , les foins , le tems , rien ne l'arrête
Que l'inconftance de fon cœur.
Aujourd'hui par exemple , elle a mis dans fa tête
D'abattre fa Maifon , c'eft fa grande fureur ,
Vîte chez l'Architecte on dépêche La fleur ;
On l'attend , fi ce foir l'affaire n'eft pas faite ,
Demain par autre chofe occupée , ou diftraite ,
Il n'en fera plus queftion ,

Par le caprice feul fans ceffe gouvernée,
Aura-t-on fur fon cœur fait quelqu'impreffion ;
Son amour naît, & meurt dans la même journée.
Pour mettre à fon Portrait les dernieres couleurs ;
Dans la même heure, aux yeux des mêmes Spec-
　　tateurs,
Elle écrit, fait des nœuds, elle lit, joue & brode ;
Il ne lui manque plus, pour mieux être à la mode,
Que de faire des vers, & d'avoir des vapeurs.
　　J'entends du bruit.

DAMIS.

Qu'eft-ce ?

FINETTE.

Monfieur, c'eft elle.

DAMIS.

Que vais-je devenir ! l'avanture eft cruelle.

FINETTE.

Nous fommes perdus, la voilà.

SCENE II.
ORPHISE, DAMIS, FINETTE.

ORPHISE.

C'Eſt vous , Finette ! à qui parlez-vous là ?

DAMIS *très-embarraſſé.*

Vous le voyez (*à Finette.*) ſois circonſpecte.
(*à Orphiſe.*) Je le ſuis ......

FINETTE *bas à Damis.*

Point de Couſin.

DAMIS.

Je ſuis ......

ORPHISE.

Je vous entends ;
N'êtes-vous pas, Monſieur , par hazard l'Architecte
Que j'attends depuis ſi longtems ?

FINETTE *avec vivacité.*

Oui, Madame , c'eſt lui.

DAMIS *bas à Finette.*

Finette ......

FINETTE *bas à Damis.*

Il faut en rire.

DAMIS *bas à Finette.*

Tu veux que je la trompe !

ORPHISE.

Ecoutez , je prétends ......

DAMIS.

Permettez qu'avant tout.....

ORPHISE.

Que voulez-vous me dire ?
Que votre tems est précieux ,
Que malgré vous on vous enléve,
Pour tous ces beaux Châteaux, ces Hôtels fomptueux
Que de tous côtés on éléye;
On doit vous bien payer, mais je paye encor mieux ,
Récompenfer les Arts , c'eft partager leur gloire.

DAMIS.

Vous m'offenfez , Madame , que de croire.....

ORPHISE.

Allons au fait , il faut que ce Corps-de-Logis
Soit mis à bas.

DAMIS.

La chofe eft très-aifée à faire.

ORPHISE.

Et conferver l'autre.

DAMIS.

C'eft mon avis.
La façade en eft réguliere.
On y peut ajouter deux aîles en retour. .....
Deux Pavillons faillants fur cette grande cour . . . .
Qui. . ... fe joindront à. ... ces deux ailes.

ORPHISE.

Vous raifonnez très-bien.

DAMIS , (à part.)

En vérité.

Je ne m'en ferois point douté.

à Orphife. Enfuite fur deux parallelles....

On pourroit. .... Avant tout il faut voir le terrein.

ORPHISE.

Voir le terrein ! vous devez le connoître ;

Quand feu mon frère étoit d'ici le Maître ,

Vous fîtes , m'a-t-on-dit , le plan du grand jardin.

DAMIS.

Cela peut..... être auffi....

ORPHISE.

Comment cela peut être !

DAMIS *d'un air embarraffé & diftrait.*

Le plan de ce jardin ! ... oui vous avez raifon ;

hardiment. Mais ce plan-là n'eft pas celui d'une mai-

fon.

ORPHISE.

Ah, paffe pour cela.

DAMIS.

L'un de l'autre différe.

ORPHISE.

J'en ai déja plufieurs ; mais ils ne rendent pas

Exactement ce que je voudrois faire ,

J'en vois bien les défauts , ce n'eft pas l'embarras ;

Vous les rectifirez.

FINETTE.

Oui-da , c'eft fon affaire.

ORPHISE.

Pour les chercher , j'ai befoin d'un moment ,

Nous en raifonnerons après tranquillement ;
L'art, felon moi, n'eft rien, fi le goût ne l'éclaire.

Elle fort.

SCENE III.

DAMIS, FINETTE.

DAMIS *avec vivacité.*

JE verrai donc Celie, ah que je fuis heureux !
(*avec réfléxion.*) Cette démarche eft pourtant téméraire ,
C'eft tromper, c'eft agir contre mon caractère.

FINETTE.

Vous êtes Architecte, on le croit en ces Lieux,
Et vous voulez encor foutenir le contraire ?
Non, je n'ai jamais vu d'Amant fi fcrupuleux,
    Y penfez-vous ?

DAMIS.

            Je hais toute impofture.

FINETTE.

N'importe, employez-la : vous ferez en ce jour,
    Un mauvais plan d'Architecture,
    En revanche je vous affure
Que vous pourrez fonder tout au mieux votre amour.

DAMIS.

Soit, mais il faut d'abord en prévenir Celie,

Par un Billet que tu lui remettras.

FINETTE.

Monfieur, je ne m'en charge pas.

DAMIS *lui offrant fon Diamant.*

Quoi, Finette, fi je t'en prie,

Me flatterai-je en vain de pouvoir t'attendrir ?

FINETTE.

(*Regardant le Diamant avec avidité elle dit
d'une voix entrecoupée.*)

Ne m'en priez pas tant, vous allez m'étourdir ......

(*prenant brufquement le Diamant.*)

Ecrivez donc.

DAMIS *avec joie.*

Ah tu me rends la vie !

FINETTE *pendant qu'il écrit regardant le Diamant.*

Que les hommes font féduifants !

Et combien voit-on de brillants

Que l'on ne doit qu'à leur folie ?

(*haut.*) Finiffez donc.

DAMIS.

Dans le moment :

Quatre mots en feront l'affaire.

FINETTE *à part.*

Ah, qu'il écrit rapidement !

L'efprit dicte plus lentement,

On voit bien que le cœur eft fon feul fecrétaire.

DAMIS.

(*donne le Billet à Finette qu'elle met dans fa poche.*)

Tiens Finette.

FINETTE.

Laiffez-moi faire,
J'aurai foin de votre Billet.
Retirez-vous, Monfieur, votre rival paroît ;
Le moindre objet, dit-on, lui fait ombrage.

(*Elle pouffe dehors Damis.*)

SCENE IV.

DAINVAL, MARIN, FINETTE.

DAINVAL, *à part.*

Examinant beaucoup Finette d'un bout de Théâtre
à l'autre.

Est-ce une illufion ? non, c'eft l'homme du Bal ;
Du moins il lui reffemble on ne peut davantage ;
Mais fi je me trompois .....

FINETTE, *à part.*

Le trifte perfonnage !

DAINVAL, *à part.*

Oh parbleu cela m'eft égal.

MARIN.

Qu'avez-vous donc Monfieur, vous trouveriez-
vous mal ?

DAINVAL.

Non. Quoi Célie eſt ingrate & volage !

FINETTE, *à part.*

Ses yeux fixés ſur moi ſont d'un mauvais préſage.

DAINVAL, *s'avançant vers Finette.*

Madame, Orphiſe eſt-elle au Bal .... ici ?

FINETTE.

Oui, Monſieur.

DAINVAL.

Et Célie !

FINETTE.

Auſſi.

DAINVAL, *à part.*

Oui, c'eſt ſa voix, c'eſt ſon viſage.

(*haut.*) Elles y ſont ; je pourrai donc les voir ?

FINETTE.

Je le préſume ainſi. Le parti le plus ſage
    Eſt d'aller plutôt le ſçavoir ;
Je reviens dans l'inſtant.   *Elle ſort.*

SCENE V.

MARIN, DAINVAL.

MARIN.

Là friponne eſt jolie,
Eh pourquoi lui parler les yeux pleins de courroux ?

DAINVAL.

Je sens mille transports jaloux ;
Je crains qu'à mon rival on ne me sacrifie.

MARIN.

A quel rival ! Quel est ce digne original ?

DAINVAL.

Puis-je en douter .... ? Finette ..... Ah mon trouble
est extrême !

MARIN.

Qu'a-t-elle fait ? Sert-elle ce rival ?

DAINVAL.

Cette Finette. . . . .

MARIN.

Eh bien !

DAINVAL.

Est mon rival lui-même.
Avec un inconnu j'eus une affaire au bal. . . .

MARIN, *en riant.*

Quoi c'est lui qui vient de paroître ?
Finissez donc, Monsieur, vous badinez.
Votre rival ! vous m'étonnez ;
Finette auroit plus l'air d'en faire, que de l'être ;
Et j'ai d'ailleurs le coup d'œil assez bon ;
Il m'a semblé voir. . . . là. . . . certaine chose
Qui dément, à coup sûr, cette métamorphose ;
Je m'y connois, c'est une fille.

DAINVAL.

Eh non.

MARIN.

MARIN.

Quel embonpoint si ce n'est qu'un garçon ?
Vous m'allarmez.

DAINVAL.

C'est une chose sûre ;
J'en jurerois.

MARIN.

Pour moi, je crois le cas douteux ;
De ce simple soupçon déja mon cœur murmure,
Car j'en suis vraiment amoureux.

DAINVAL.

Amoureux !

MARIN.

Oui, Monsieur, amoureux à l'extrême.

DAINVAL.

Depuis trois jours qu'on est ici ?

MARIN.

Il ne faut qu'un instant pour sentir que l'on aime.

DAINVAL.

Connois-tu cet objet pour en parler ainsi ?

MARIN.

Qu'ai-je besoin de le connoître ;
C'est un minois charmant, c'est tout ce que j'en
                                        sçais.

Son cœur me trompera peut-être,
Si l'on se connoissoit, s'aimeroit-on jamais ?
Dans la contrainte hélas la tendresse redouble ;
(tirant de sa poche un billet.)

B

J'allois, par ce billet, le lui faire sçavoir,
J'en serai pour les frais, vous m'otez tout espoir.

DAINVAL.

Feins de l'aimer encor pour jouir de son trouble.
Il vient, je crois du moins l'appercevoir ;
Oui, c'est lui-même, il faut que je te quitte ;
Je te rejoins dans le moment.　*Il sort.*

MARIN, *courant après son Maître.*

Si c'étoit un garçon, revenez au plus vîte ;
Si ce n'est qu'une fille, agissez prudemment,
Et rapportez-vous-en à mon propre mérite.

SCENE VI.

MARIN, FINETTE.

MARIN, *à part.*

EXcrimons-nous en tendres complimens,
(*à Finette.*) Belle Finette, aux yeux charmans,
Ne demandez-vous pas mon Maître ?

FINETTE, *dans toute la Scene lui parle d'un ton très-brusque.*

Vous lui direz qu'il peut paroître.

MARIN.

Sensible à vos empressemens,
Je sçais qu'il doit les reconnoître.
(*lui présentant un billet.*)
Voulez-vous vous charger de certain billet doux? ....

FINETTE, *prend le billet avec vivacité, le met dans la poche , où eſt déja celui de Damis , & elle dit à part.*

Je ne le rendrai pas de quelque part qu'il vienne.

MARIN.

Liſez-le donc , car il s'adreſſe à vous.

FINETTE.

A moi ! De quelle part ?

MARIN.

Hélas , c'eſt de la mienne.

FINETTE, *jettant le billet.*

Oui ? voilà ma réponſe.

MARIN , *à part.*

Ho , ho , c'eſt un garçon.

FINETTE.

Pour ſi peu que l'on ſoit gentille ,
On nous parle d'amour , un chacun prend ce ton,
Et l'on croit nous tromper. Erreur.

MARIN , *à part.*

C'eſt une fille.

FINETTE.

Moi , je vis ſans aimer, c'eſt la bonne façon ,
Et je m'en trouve bien. Enfin , le premier traître
Qui voudra près de moi trancher du Petit-Maître ,
Verra beau jeu.

MARIN , *à part.*

Mais non , c'eſt un garçon.

(*à Finette.*) C'eſt-à-dire, entre nous qu'il eſt très-difficile. . . . .

B ij

(Finette veut se retirer, il la retient.)

Si vous vous éloignez , je vais suivre vos pas.

FINETTE.

Dispensez-vous d'une peine inutile ,
Finissez au plutôt , ne me retenez pas.

MARIN, *la retenant.*

Une beauté ne plaît qu'autant qu'elle est docile ;
L'on ne s'échappe point aisément de mes bras.

FINETTE.

Gardez-vous d'échauffer davantage ma bile.

MARIN.

Quand je tiens , je tiens bien.

FINETTE *lui donnant un soufflet.*

Tenez donc bien cela.
Vous l'avez bien voulu , que n'étiez-vous tranquille!

MARIN.

Oh pour le coup mon Maître le sçaura.
Il vient.

FINETTE.

Adieu , butord ,

MARIN.

Mais attendez le-donc.
Etre brave avec un poltron
C'est être brave en pure perte.

SCENE VII.

DAINVAL, MARIN.

DAINVAL, *en entrant.*

AS-tu fait quelque découverte ?

MARIN.

Comment, Monfieur, fi j'en ai fait !
La découverte.... d'un foufflet.

DAINVAL.

D'un foufflet !

MARIN.

À votre fervice.
A cet affront l'honneur veut qu'un des deux périffe,
Au fecours eft-ce ainfi que vous êtes venu ?
Si j'y reviens, je veux que l'on m'affomme ;
Vous ne vous trompez pas ; je le foutiens un homme
Comme.... l'on n'en a jamais vu.

DAINVAL.

J'en étois fûr.

MARIN.

La preuve en eft complette.
A deux ou trois mots de fleurette
Qu'on a de ma part entendu,
Comme un vrai Grenadier n'a-t-on pas répondu
Avec une voix formidable,

B iij

Des corbleu , des fangbleu.... des .... ornoient
                                        fon difcours.
    Croyant paffer dans les bras des amours ,
    Je fuis tombé dans les griffes du Diable ;
    (*ouvrant le billet qu'il a ramaffé.*)
Et ce tendre billet. ..., que vois-je ! eft-ce le mien ?
        Non , parbleu , quelle eft ma furprife !
J'ai dequoi me vanger,Monfieur, fans rifquer rien,
    En ce moment le Ciel me favorife.
D A I N V A L , *arrachant le billet des mains de*
    Marin.

        Donne-le-moi , que je le life.
            M A R I N *avec joye.*
Nous tenons fon fecret , lifons, nous rirons bien.
            D A I N V A L *lit.*
Il eft tems qu'à mon fort votre cœur s'intéreffe ,
    Je viens charmé de vos apas ,
    Pour vous prouver l'excès de ma tendreffe ;
On me croit en ces lieux ce que je ne fuis pas ,
Dans des ....
            M A R I N.
    Et cetera , Monfieur, la chofe eft claire.
            D A I N V A L.
Ce que je ne fuis pas ! Voilà donc le myftère.
            M A R I N.
    On vient, gardez un filence difcret;
Il n'a pas eu le tems de s'expliquer encore ;
Il le femble du moins ; dévoilant ce fecret ,
Célie apprend par vous que cet Amant l'adore.

DAINVAL *avec feu.*

Je ne fçais trop fi je le dois.

SCENE VIII.

CELIE, ORPHISE, DAINVAL, MARIN.

CELIE.

Qu'avez-vous donc, Monfieur, vous êtes en
colère !

DAINVAL *très-froidement.*

Pourquoi faut-il que je le fois ?

Je ne vois rien ici qui ne doive me plaire.

ORPHISE.

Dainval, vous l'êtes, je le vois.

CELIE.

Qu'avez-vous ? il faut m'en inftruire.

DAINVAL *à Orphife.*

Madame le fçaura.

ORPHISE.

Qui moi !

DAINVAL *toujours à Orphife.*

Pour vous le dire,

Je prendrai quelqu'autre moment.

CELIE.

C'eft me prier très-poliment

De fortir.

B. iiij

DAINVAL *d'un air indifférent.*

Vous pouvez ......

CELIE.

Non, non, je me retire ;
Je ne m'attendois pas à pareil compliment.
Je brigue en vain l'honneur de votre confidence ;
Pour vous laisser expliquer librement,
Je vais dans mon Appartement.

(*En riant d'une maniere forcée.*)

Votre secret est-il de grande conséquence ?

DAINVAL *d'un ton brusque.*

Allons, ferme, riez-en bien.

MARIN.

Elle rit, mais, Monsieur le Diable n'y perd rien.

ORPHISE.

Eh qu'est-ce donc !

MARIN.

C'est une affaire grave.

CELIE *piquée.*

Cette discrétion est très-digne de vous,
Et vous, craignez bien peu de me mettre en courroux.
On croit braver l'amour, & c'est lui qui nous
brave.

Elle sort.

✳

SCENE IX.

ORPHISE, DAINVAL, MARIN.

ORPHISE.

Vous êtes singulier, Monsieur, dans vos amours.
Eh, comment voulez-vous que ma nièce vous aime?
Vous ne lui dites rien, ou la brusquez toujours.

DAINVAL *avec dépit.*

Il est vrai qu'en amour je suis un homme extrême;
Et je devrois souffrir qu'à mes yeux un rival ......

ORPHISE.

Vous croyez en avoir ?

DAINVAL.

Si je le crois, Madame !
Je l'ai vu.

MARIN.

Bon ! le voir ce n'est que demi mal,
Moi, j'ai senti la main de ce brutal,
Il est chez vous.

ORPHISE *en riant.*

Quoi l'Architecte ....

DAINVAL.

En femme !
A quoi bon ce déguisement ?
Et Finette seroit ......

ORPHISE.

S'agit-il de Finette ?

DAINVAL.

Oui, Madame, précisément ;
C'est un Amant caché sous l'habit de soubrette ;

MARIN.

Avec qui l'an passé nous eumes le malheur
D'avoir au Bal un affaire d'honneur,
Mais il disparut sans rien dire.

DAINVAL *très-vivement.*

Et d'ailleurs ce billet qu'on trouve entre ses mains,
Qu'à Célie il osoit écrire......
J'ai tort, j'ai tort, quand je me plains.

ORPHISE.

C'est donc là ce billet, je n'y vois point d'adresse.

(*Elle lit.*)

Il est tems qu'à mon sort votre cœur s'intéresse,
Je viens charmé de vos appas,
Pour vous prouver l'excès de ma tendresse ;
On me croit en ces lieux ce que je ne suis pas.

DAINVAL.

C'est un garçon ; voilà le cas.

ORPHISE, *continuant de lire le billet.*

O Ciel !

Dans des cœurs faits pour devenir volages
Une vive jeunesse a quelques avantages ,
Hélas j'en conviens avec vous ;
Mais lorsqu'on pense comme nous ,

Le sentiment sçait rapprocher les âges.
(*avec réfléxion.*)

La fin de ce billet m'embaraffe beaucoup ;
Ne jureroit-on pas que cela me regarde ?

DAINVAL.

Vous, Madame ?

ORPHISE.

Eh oui moi ; car enfin prenez garde
Que ..... relifons-le encore un coup.

DAINVAL.

Je le fçais mot pour mot.

MARIN.

Eût-il cent mille pages.

ORPHISE.

Mais convenez qu'il faut pour rapprocher les âges ....

DAINVAL.

Qu'un des deux foit plus vieux! Eh bien ne peut-il pas
Etre un peu plus âgé ; que ne l'eft votre niéce.

ORPHISE.

Ses traits annoncent tous fon extrême jeuneffe ;
On ne peut pas plus mal fe tirer d'embarras.
Sur ma conduite on n'a jamais pu mordre ,
Hélas , Monfieur , qui l'auroit crû,
Que l'on eût ôfé tendre un piége à ma vertu ?
A fa toilette on eft dans un certain défordre ....

MARIN.

Quelquefois le peignoir flotte au gré des zéphirs ,
Le ruban fe détache .... on fent quelques defirs...

Et des defirs . . . . furprendre ainfi votre innocence ?
ORPHISE.
Je l'en défie.
MARIN *à part.*

Et nous auffi.
ORPHISE.
De ces témerités qui peut être à l'abri ?
MARIN.
Vous Madame, parbleu, pour fi peu que l'on
penfe . . . . .
Au refpect qu'on vous doit . . . . Monfieur, raffurez-
la.
DAINVAL.
Moi, la défabufer ! entreprendre cela !
Je n'opérerai point un fi rare prodige ;
Une erreur qui nous plaît, augmente le preftige.
ORPHISE.
Une erreur qui nous plaît ! . . . . . . on auroit abufé . . . . .
DAINVAL.
Je le répéte encor, votre erreur eft extrême ;
Eh, Madame, en un mot, de l'Amant déguifé
Vous prenez tant la défenfe vous-même,
Que dans cette démarche il femble autorifé.
MARIN.
Fy donc, Monfieur, dans fa furprife,
Madame met un air de vérité,
Qui tient de la fimplicité,
Et vous voulez qu'elle autorife ; . . . . . .

D A I N V A L.

Je ne donne jamais dans les avis d'un Sot ;
  Retire toi fans répliquer le mot.

Marin fort.

Tout jufqu'à ce valet me fatigue & m'excéde ;
L'une veut me tromper, l'autre que je lui céde ;
  Non, le naturel le plus doux
  Ne tiendroit pas contre ce qui m'arrive.

O R P H I S E.

Si les hommes étoient fi peu liants que vous,
Il nous faudroit alors, en les rebutant tous,
Les voir toujours de loin, comme une perfpective.

D A I N V A L.

D'abord on nous condamne, & rien n'eft plus aifé
Mais enfin.......

S C E N E X.

DAMIS, ORPHISE, DAINVAL.

DAMIS *avec timidité ; on ne l'écoute jamais dans cette Scene.*

PErmiettez......

ORPHISE *à Damis.*

  Un moment je vous prie.

DAINVAL *à Orphife.*

Que peut enfin penfer la calomnie,
Quand on fçaura chez vous un homme déguifé ?

DAMIS *à part.*

O Ciel, je suis perdu !

DAINVAL *s'adreffant à Damis.*

Mais, Madame, de grace
Demandez-le à Monfieur, je m'en rapporte à lui ;
Eft-il quelqu'un qui puiffe excufer cette audace !

DAMIS *embaraffé.*

Je ne fuis arrivé, Monfieur, que d'aujourd'hui,
Madame le fçait bien.

DAINVAL *avec impatience.*

Qu'en faudra-t-il conclure ?
Mais ne perdons point notre objet :

(*très-ironiquement.*)

Enfin, Madame, il vous affure
Qu'il eft épris de l'ardeur la plus pure,
Il ajoute dans ce billet,
Qu'il ne fera jamais de ces amans volages,
Et que fi la jeuneffe éloigne fon projet,
Le fentiment rapprochera les âges.
Non, rien n'eft plus galant.

DAMIS *à part.*

Voudroit-il m'offenfer ?

ORPHISE *à Dainval.*

Que voulez-vous que je puiffe penfer ?

DAINVAL *avec vivacité.*

Si je ne fortois pas, je pourrois vous déplaire,
Nous avons fait quelques arrangemens,
Vous connoiffez mes fentimens,

Vous me ferez fçavoir ce qu'il faut que j'efpére ;
On ne fe plaindra plus de mes empreffemens.

Il fort.

ORPHISE.

Dainval, écoutez donc. Il fort, rien ne l'arrête ;
Cet homme eft fi troublé, que je crains tout de lui.

DAMIS.

Je voulois.....

ORPHISE *fans l'écouter.*

L'accident qui furvient aujourd'hui,
Peut lui faire tourner la tête.

DAMIS.

Je puis avoir mal débuté,
Je ne veux vous tromper.....

ORPHISE *avec inquiétude.*

J'en fuis perfuadée.

DAMIS.

Mon cœur eft révolté d'une pareille idée ;
Je viens....

ORPHISE *d'un air occupé.*

On m'a parlé de votre probité.

DAMIS.

Je devois m'expliquer avec plus de franchife,
Et prévoir les dangers d'une telle entreprife ;
Mon plan étoit mal concerté.

ORPHISE.

Nous le rectifirons, laiffons-là cette affaire.

DAMIS.

Que direz-vous de ma témérité !

ORPHISE.

Qu'il est beau quelquefois d'être un peu téméraire ;
Très-souvent le succès ne dépend que de là ;
C'est ce qui marque un homme de génie.

DAMIS.

Par cette froide raillerie
Vous m'accablez.

ORPHISE *étonné.*

Que veut dire cela ?
Cet homme est singulier !

DAMIS *l'entendant.*

Encor plus excusable ;
Quand je trompe quelqu'un, c'est toujours malgré
moi.

Mon malheur est inévitable.

ORPHISE.

Il est fol.

DAMIS *ingénument.*

Oui, Madame.

ORPHISE *à part.*

Il l'est de bonne foi.

(*à Damis.*)

Une affaire importante en ce moment m'occupe,
Je vais voir où Dainval aura porté ses pas,
L'instant fait un heureux, comme il fait une dupe.

Elle sort.

SCENE

SCENE XI.

DAMIS *seul.*

Finette m'a trahi, quel eſt mon embarras !
Ma démarche étoit folle ; elle me déſeſpere ;
Le remord pour mon cœur eſt un tourment nouveau,
Qu'une ſotiſe eſt un peſant fardeau,
Pour ceux qui ne ſont pas dans l'uſage d'en faire !
C'étoit aſſez de voir mes feux humiliés,
Sans augmenter encore mon martyre.

SCENE XII.

CELIE, DAMIS.

CELIE *entre avec précipitation & croit parler*
à Dainval.

Vous reſte-t-il encor quelqu'autre choſe à dire ?
DAMIS, *ſe jettant à ſes genoux.*
Non ; je n'ai plus qu'à mourir à vos pieds,
Accablé de douleur , ou pénétré de joye.
CELIE.
O Ciel , que vois-je !
DAMIS.
Un Amant malheureux.

C

CELIE.

Ceci devient très-férieux:

A mes genoux voulez-vous qu'on vous voye?

DAMIS *fe relevant.*

Calmez donc ce courroux.

CELIE.

Que faut-il que j'en croye?

Qui vous a conduit en ces Lieux?

DAMIS.

L'amour le plus vif, le plus tendre;

J'avois pris des moyens pour ne pas vous furprendre...

CELIE.

L'amour peut-il juftifier

Une démarche auffi hardie?

DAMIS.

Oui, dans un cœur fenfible.

CELIE.

Ou plutôt qui s'oublie,

Qui craint peu de facrifier

Ce même objet qu'il croit qu'il aime.

DAMIS.

Hélas! de ma témérité

Jugez par l'embarras extrême

Où vous m'avez réduit. Si j'avois écouté

Ce qu'auroit pû me dicter la prudence,

(En trouve-t-on dans les amours?)

Je vous perdois, vous perdois pour toujours;

De mes feux quelle étoit alors la récompenfe?

CELIE.

Mon eftime, Monfieur.

DAMIS.

Je viens la mériter ;

Dailleurs pouvez-vous redouter

Quelque trait de la calomnie :

Vous n'avez pas befoin que je vous juftifie :

Vos mœurs doivent vous mettre à l'abri du foup-

çon.

Le reproche cruel que vous pouvez me faire

Ne feroit jamais de faifon,

Si j'avois eu le bonheur de vous plaire,

Car l'amour à toujours raifon.

Dans votre cœur s'il fe faifoit entendre....

Mais quelle eft mon idée! à quoi dois-je prétendre!

Dans l'âge qui s'éloigne & des ris & des jeux,

N'ayant pour moi que l'ardeur la plus pure,

Craignant toujours de déplaire à vos yeux ;

J'ai voulu de l'amour étouffer le murmure ;

Ma raifon & mon cœur ont longtems combattu ;

Eh qui pourroit réfifter à vos charmes !

A vos attraits rendre les armes,

C'eft moins fervir l'amour, qu'honorer la vertu.

CELIE à part.

Qu'il fçait aimer avec délicateffe !

DAMIS,

Mon cœur de plus en plus pénétré de tendreffe ,

(*Avec feu.*)
Vous verra donc paſſer dans les bras d'un époux….
(*Avec douceur.*)
Je dois le reſpecter, puiſqu'il vous intéreſſe ;
Il faut, puiſqu'il vous plaît, qu'il ſoit digne de vous.

CELIE.

Si je pouvois dire ce que je penſe…..
Mais non…..

DAMIS.

Achevez donc : vous gardez le ſilence….
(*Avec tranſport.*)
Non, il n'aura point ce bonheur ;
Il auroit votre main ſans avoir votre cœur !
Cela ne ſera pas : votre Tante vous aime,
Je vais me jetter à ſes pieds.

CELIE.

N'en faites rien, Monſieur, vous me perdriez.
Y penſez-vous ! ſçait-elle même,
Que l'amour ait oſé vous conduire en ces lieux !

DAMIS.

Elle le ſçait ; on a trahi mes feux ;
Et rien ne manque à ma diſgrace :
J'avois chargé Finette d'un billet
Qui contenoit ce qui ſe paſſe,
Dainval & votre Tante……

CELIE.

O Ciel, qu'a-t-elle fait !

SCENE XIII.

FINETTE, CELIE, DAMIS.

DAMIS.

Voilà cette perfide. Elle a dû nous entendre ;

FINETTE.

Un tel discours a lieu de me surprendre ;
Moi perfide ! est-ce-là le prix de mes bontés ?

DAMIS.

Tu sers ainsi les feux de l'Amant le plus tendre ?

FINETTE.

Mieux que vous ne le méritez.

DAMIS *à Célie.*

Elle ne rougit point. Je suis sûr qu'elle pense
Que j'ignore sa trahison.
à Finette. Mon billet........

FINETTE.

Est l'objet de votre défiance ?
Je ne l'ai point remis faute d'occasion.

DAMIS.

Tu veux persuader.......

FINETTE.

Ce que je vous avance ;
On doit m'en croire sur ma foi ;
Un non, un oui, tout justifie

C iij

Les Filles d'honneur comme moi.

DAMIS.

Peut-on poußer ßi loin l'effronterie ?

FINETTE.

Ménagèz un peu plus vos termes je vous prie ;
Que direz-vous, Monßieur, lorßque vous l'aurez vû !

DAMIS.

Cela ne ße peut pas ; ou l'on te l'a rendu.

FINETTE *tirant un billet de ßa poche.*

Que les Amans ßont ridicules ;
Voilà votre billet avec ...... le diamant .....

(*Elle tire à moitié du doigt le diamant ; & enßuite
elle le remet avec beaucoup de vivacité.*)

Mais non, je veux le garder ßeulement,
Pour faire voir qu'il faut punir les incrédules.

DAMIS *lui faißant lire la Signature.*

C'eßt mon billet !

FINETTE.

Aßßurément.

DAMIS.

Aßßurément ! lis donc.

FINETTE.

MARIN ! ..... quelle méprise !
Je ßuis au déßeßpoir, j'ai fait une ßotiße,
Et je ne ßçais comment la réparer :
Vous ne connoißßez pas la candeur de mon ame ;
Cet accident ßuffit pour me déßeßperer.

❧>‹❧

SCENE XIV.

ORPHISE, CELIE, DAMIS, FINETTE.

ORPHISE *au fond du Théâtre.*

CE n'eſt pas la voix d'une femme.

FINETTE.

Dans notre état pour plaire, on fait plus qu'on ne
doit .....

Que je déteſte le Service !

ORPHISE *à part.*

Il eſt donc Officier !

FINETTE.

Je ſens plus qu'on ne croit,
La douleur d'eſſuyer toujours quelqu'injuſtice.

ORPHISE *à part.*

Je comprends qu'il ſe plaint de quelque paſſe-droit.

FINETTE, *appercevant Orphiſe.*

Orphiſe nous écoute. O Ciel je ſuis perdue !

ORPHISE *à part.*

Il va changer de diſcours ; il m'a vue.

FINETTE *changeant de ton, à Damis.*

Laiſſez-nous, revenez dans un tems plus heureux ;
De l'hymen pour Célie on doit former les nœuds,
Et Madame eſt moins occupée,

C iiij

A faire bâtir en ces Lieux,
Que d'avoir au plutôt quelques petits Neveux.

Il for..

ORPHISE *à part.*

Je ne me fuis donc pas trompée.
Il a beau changer d'entretien,
Je ne fuis pas fi dupe que l'on penfe.

FINETTE *à Célie fur le même ton.*

De quoi vous mêlez-vous, fi Madame dépenfe ;
N'eft-elle pas maîtreffe de fon bien !
Elle veut aggrandir fa maifon, & fait bien ;
Ce droit n'eft-il acquis qu'à la groffe Finance ?

CELIE *qui n'a point encore vu fa Tante.*

Explique-toi, car je n'y comprens rien.

ORPHISE *s'avançant.*

Pour moi j'y comprends quelque chofe.

CELIE *furprife.*

Je puis .....

ORPHISE *à Célie.*

Ne faites pas de fermens indifcrets,
Retirez-vous au plutôt, & pour caufe ;
Je n'aime pas ces entretiens fecrets ;
Je fçais à quoi l'amour tous les jours nous expofe.
à Finette. Vous, demeurez.

Célie fort.

SCENE XV.

ORPHISE, FINETTE.

ORPHISE (*à part.*)

Il est déconcerté ;
A cet air de timidité,
Qui ne jureroit pas que c'est une innocente ?

FINETTE, *interdite.*

Peut-être croyez vous, Madame, que mon cœur
Sent pour cet Architecte une flamme naissante.

ORPHISE.

Non, je ne donne pas dans une telle erreur ;
Car vous me paroissez n'aimer guere les hommes.

FINETTE.

Madame je ne les hais pas.
J'en vois même plusieurs dont je fais quelque cas ;
Il est d'honnêtes gens dans le siécle où nous sommes.

ORPHISE.

Notre Séxe a pour eux de terribles appas !
Quelles démarches, quels faux pas
L'amour ne leur fait-il pas faire !
Par exemple.... on en voit sous un déguisement
Sans égard pour l'objet auquel ils voudroient plaire,
S'introduire.... secrettement....

(*à part avec feu.*) Il a rougi. C'eſt un amant.

FINETTE.

Elle a découvert le myſtère.

ORPHISE,

Qu'avez-vous donc ? vous rougiſſez....

FINETTE.

Madame c'eſt....

ORPHISE.

J'en ſcais aſſez ;

Je ne veux, ni ne puis en ſçavoir davantage.

En vérité vous n'êtes guere ſage ;

Vous vous jettez dans de grands embarras ,

Nous devons quelquefois excuſer la jeuneſſe ,

Mais par précaution vous ne coucherez pas

Dans l'appartement de ma niéce.

FINETTE.

Pouvez-vous douter de mes ſoins ?

ORPHISE.

Non, ce n'eſt pas que j'en doute , aucontraire,

Peut-être en auriez vous qui pourroient me déplaire.

FINETTE , *naivement.*

Ou coucherai-je donc ! dans le vôtre ?

ORPHISE.

Encor moins.

Je ne dormirois pas tranquille ,

Eh que ſçait-on ?

FINETTE.

Mais, Madame , entre nous

ORPHISE.

Votre priere eft inutile;
Il faut peu fe fier aux filles comme vous.

FINETTE.

Vous le pouvez, fans rien craindre, Madame.

ORPHISE.

Oui, fans rien craindre (*à part.*) ah le petit fripon !
Je ne puis plus cacher le trouble de mon ame :
(*à Finette.*) Nous fçavons en tout cas en cette occasion
Comme il faut fe tirer d'une pareille affaire.

FINETTE.

Je borne mon ambition
Au bonheur de pouvoir vous plaire.

ORPHISE.

On a voulu m'affurer le contraire ;
Et le billet . . . .

FINETTE.

Il vous eft parvenu !
Pouvois-je plus longtems vous en faire un myftère ;
Un Amant, tôt ou tard, eft toujours reconnu,
Et furtout lorfqu'on eft fi tendre, & fi fincère . . . . .
Je jure . . . . . .

ORPHISE *s'étourdiffant d'elle-même.*

Je le crois ; cet aveu me fuffit ;
Mais du moins à Dainval gardez-vous de rien dire ;
Il ne vous aime point, il s'eft mis dans l'efprit
Que vous ne cherchez qu'à lui nuire ;

Il eſt certains ſoupçons qu'on ne ſçauroit guérir.

Puiſqu'en ces lieux le hazard vous raſſemble,
Je veux abſolument partager le plaiſir
De vous voir embraſſer, & vivre bien enſemble.

FINETTE.

Je ne ſçaurois y conſentir.
Moi l'embraſſer, Madame!

ORPHISE.

Oui, vous, ſans doute;
On diroit que cela vous coute,
Et que cela jamais ne vous eſt arrivé!
En un mot, dès ce ſoir il épouſe ma niéce;
Il eſt dans le Jardin; quand je l'aurai trouvé,
Je détruirai bientôt le ſoupçon qui le bleſſe.

Elle ſort.

SCENE XVI.

FINETTE ſeule.

D'Où vient donc qu'elle veut que j'embraſſe
Dainval!
Pour nous quel excès de tendreſſe!
Depuis trois jours! ceci devient original,
Et tout compté, je n'y puis rien comprendre.

SCENE XVII.

CELIE, FINETTE.

CELIE.

Elle est sortie, eh bien, à quoi dois-je m'at-
tendre !

FINETTE.

Votre Tante sçait tout, & Dainval aujourd'hui
De votre foi doit recevoir le gage ;
Si vous ne voulez pas vous unir avec lui,
Il faut faire tête à l'orage ;
La seule fermeté peut parer ce malheur.

CELIE.

Moi l'épouser ! non, de la vie
Dainval n'aura ma main, je te le certifie ;
Je ne pourrois jamais me faire à son humeur.

FINETTE.

Je sçais qu'il est insupportable,
Qu'il prend des airs trop importans,
Mais il a des certains instans,
Où vous l'avez trouvé, dit-on, assez aimable.

CELIE.

Pour rendre un hymen agréable
Il nous faut d'heureux jours, non pas d'heureux mo-
mens.

FINETTE.

Il vous les promettra : mais enfin hier même ,
Ne me difiez-vous pas, » je crois que Dainval m'aime,
» Ne lui trouves-tu pas un air tendre & touchant ?

CELIE.

Ne me fais plus rougir de ma foibleſſe.

FINETTE.

Les mauvais procédés allarment la tendreſſe ,
Sans détruire notre penchant.
Lorſqu'un amant chéri pouſſe trop loin l'audace ,
Il n'eſt coupable alors que faute de ſuccès ;
L'amour-propre en gémit, la fierté le menace ,
La raiſon ſe révolte , & lui fait ſon procès ,
Le cœur parle pour lui , zeſte , il obtient ſa grace.
Il vous dira d'un air de bonne foi ,

Les Acteurs de la Scene ſuivante entrent au
moment où Finette dit , en ſe jettant aux ge-
noux de Celie.

Vous voulez ma mort , je le voi ,
Ma conduite a dû vous déplaire ;
Si l'amour ſert d'excuſe aux fautes qu'il fait faire,
Eſt-il d'amant moins coupable que moi !

SCENE XVIII.

ORPHISE, DAINVAL, CELIE, FINETTE, MARIN.

DAINVAL *avec fureur.*

EN eft-il de plus téméraire !

MARIN.

Qui donne des foufflets plus leftement que lui !

ORPHISE.

A qui doit-on fe fier aujourd'hui ?
Je fuis trahie. O Ciel, quelle impudence !

à Dainval.

J'aurois dû profiter, Monfieur, de vos avis,

DAINVAL *à Finette.*

Quittez, quittez au plutôt ces habits,
Que vous ne pouvez pas porter fans indécence.

FINETTE *étonnée.*

Pour être ici plus décemment,
Vous verrez qu'il faudra que je me deshabille.

ORPHISE.

Et cela même en ce moment.

FINETTE *en riant.*

Dans le deshabillé, fçavez-vous que je brille !

ORPHISE.

Compter fur les difcours d'un homme tel que vous !

FINETTE *avec surprise.*

D'un homme tel que moi! Madame entendons-
nous.

DAINVAL *à Orphise.*

Il va nier, je le parie,
Qu'il soit amoureux de Célie.

FINETTE.

Moi l'Amant de Célie! il a perdu l'esprit
Si je l'étois, ce seroit à crédit.
Cette avanture est très-originale!
C'étoit de moi, Monsieur, que vous étiez jaloux?
Eh que ne vous expliquiez-vous?
Je pourrois être une rivale,
Mais pour être un rival, cela m'est défendu,
Je soutiendrois fort mal ce rôle;
Pour preuve, je n'en puis donner que ma parole,
Et décemment.....

DAINVAL *à part.*

Qu'ai-je entendu!
à Finette. Quoi ce billet!....

FINETTE.

Rien ne me déconcerte;
Etes-vous curieux d'en connoître l'Auteur?
Le voici.

SCENE

SCENE XIX. & derniere.

DAMIS, *& les Acteurs précédens.*

FINETTE.

Paroissez, l'intrigue est découverte ;
Vous me faites ici des affaires d'honneur.
Parlez, Monsieur, pour moi je suis suspecte.

DAINVAL.

Que vois-je, ô Ciel !

ORPHISE *à Damis.*

Quoi, vous osez Monsieur .....

DAMIS.

L'amour jusqu'en ces lieux avoit guidé mon cœur ;
Vous avez cru que j'étois Architecte,
J'ai profité de cette erreur.
Et ne jugeant que sur les apparences,
J'ai mal fait ; vous devez trouver très mauvais ;
Les grandes passions peuvent-elles jamais
Etre d'accord avec les bienséances !

FINETTE.

Quand deux cœurs se sont arrangés,
Est-ce aux formalités qu'il faut que l'on s'arrête ?

DAMIS *à Orphise.*

Madame, je jouis d'une fortune honnête,
(à Célie avec sentiment.)

D

Mais je vous la devrai, fi vous la partagez.

MARIN.

Là, là, plus doucement; voyez comme il se presse.

DAINVAL *à la Tante.*

Vous qui connoissez ma tendresse
Qui voyez l'état de mon cœur

ORPHISE, *à Dainval.*

Deviez-vous me plonger dans une telle erreur ?
L'amour-propre est blessé, mais je vous le pardonne,
Je me sers pour cela de toute ma raison.

MARIN, *à part.*

Le bon secours !

ORPHISE.

Ma modération
En ce moment peut-être vous étonne.
Que mon exemple enfin vous fasse impression.

MARIN.

Il est d'autant plus beau, qu'une femme le donne.

DAINVAL.

J'en conviens, vous me confondez;
Mais enfin mes soupçons n'étoient-ils pas fondez ;
Un rien allarme quand on aime ;
Tout est suspect aux yeux d'un véritable Amant.

CELIE *à Dainval.*

Celui qui soupçonne aisément,
Peut souvent accuser de même.

DAINVAL *à Célie*

Peut-on traiter quelqu'un aussi cruellement?

COMEDIE.

à Orphise. Vous qui m'avez promis sa main ....

ORPHISE.

Si ma tendresse
Me permettoit de la gêner,
Monsieur, je tiendrois ma promesse;
Je puis représenter, mais non pas ordonner.

DAINVAL.

Vous le pouvez; daignez m'entendre;
Vous sçavez le parti, qu'à regret, je puis prendre,
Cela dépend de vous, Madame, décidez.
Faut-il plaider?

ORPHISE *regardant tendrement Célie.*

Célie !

CELIE *avec transport.*

Ah, ma Tante plaidez

DAMIS *lui baisant la main.*

Ce Conseil m'est garant du retour le plus tendre.

MARIN.

Et qu'eux se font accommodez.

DAINVAL *furieux en s'en allant.*

Cela suffit, nous plaiderons; Madame.

MARIN *à son Maître.*

Ferme cet accident vous annonce un succès;
Car selon moi c'est gagner un Procès,
Que de manquer d'obtenir une femme.

Ils sortent.

FINETTE *à Orphise.*

Nous solliciterons s'il le faut avec vous.

Du Village voifin une troupe s'avance,

Souffrez qu'elle fe joigne à nous,

Pour célébrer l'amour & la reconnoiffance.

F I N.

APPROBATION.

J'Ai lû par ordre de Monfeigneur le Chancelier, *les Méprifes*, Comédie; je crois qu'on en peut permettre l'Impreffion. A Paris ce 11 Mai 1754.

CRE'BILLON.

www.ingramcontent.com/pod-product-compliance
Lightning Source LLC
LaVergne TN
LVHW022020080426

835513LV00009B/813